BIOGRAPHIE

DE

LAMARTINE

MEMBRE DU GOUVERNEMENT PROVISOIRE,

MINISTRE DES AFFAIRES ÉTRANGÈRES;

PAR

CHARLES ROBIN.

Il ne doit exister aucun individu dans la nation qui ne soit électeur ou élu, représentant ou représenté.

PARIS

WILLERMY, LIBRAIRE-ÉDITEUR,

RUE POISSONNIÈRE, 29.

1848

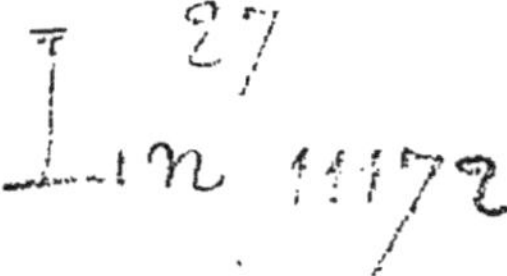

PARIS. — IMPRIMERIE D'ALEXANDRE BAILLY,

Rue du Faubourg-Montmartre, 10.

LAMARTINE.

—

Il y a des temps décisifs dans la destinée des nations, et des moments suprêmes dans la vie des individus. Une heure, une minute suffit pour les immortaliser à jamais. Le grand poëte, qui avait laissé échapper tant d'adorables accents; l'éloquent orateur, qui avait subjugué l'Europe par la puissance de sa parole, vient d'acquérir des droits éternels à la reconnaissance des peu-ples. M. Lamartine a sauvé la France! Voilà les mots qui sont gravés dans tous les cœurs et qui retentissent dans toute l'étendue de la République. Il nous semble encore le voir à la tribune de la Chambre dans la journée du 24 février, pâle, agité, dominant l'émotion profonde que lui causaient les événements qui se précipitaient, et luttant de toute la vigueur d'une énergie surhumaine pour triompher des défaillances que provoquait en lui un état maladif empreint sur sa physionomie. Il était là, haletant, épuisé au milieu du peuple en armes, qui saluait de ses acclamations enthousiastes les paroles chaleureuses du célèbre tribun. On eût dit un orateur antique soulevant et réprimant dans le Forum les flots irrités de la multitude. C'étaient des cris entrecoupés, des voix de foudre, et des accents déchirants et terribles. Qu'il était beau à voir dans cet instant solennel ! avec quelle admiration on contemplait ce front dominateur illuminé par le génie ! Comme dans toutes les circonstances précédentes, où il avait laissé un libre cours aux puissances déchaînées de la parole, il passionnait l'assemblée en se passionnant lui-même, et il entraînait parce qu'il était entraîné.

On le voyait grandir sous les obstacles, et ses harangues, souvent interrompues par d'unanimes acclamations, étaient prononcées avec une véhémence qu'on pouvait croire puisée dans une irritabilité nerveuse. Et cependant son éloquence s'inspirait de la situation grave dans laquelle la victoire du peuple venait de placer la France. Une monarchie parjure tombait sous les coups multipliés d'une nation qui revendiquait ses droits, par la force des armes, et il s'agissait de conserver à ce mouvement national son caractère de grandeur. En un mot, il fallait un drapeau à cette foule victorieuse pour la guider à travers le champ sans limites qu'elle venait de s'ouvrir par son courage et son patriotisme ; il fallait surtout sauver la capitale du désordre et de l'anarchie, rassurer la France entière et présenter des garanties à l'Europe. M. Lamartine fut ce drapeau autour duquel vinrent se grouper tous les héros de la révolution qui venait de s'accomplir ; il fut la Providence de tous les hommes qui veulent sincèrement la gloire de leur pays et l'ordre dans la liberté. Par sa puissante intelligence et par son dévouement à la cause du peu-

ple, il était désigné d'avance pour remplir les
hautes fonctions qu'il occupe aujourd'hui. C'é-
tait l'espérance de la patrie. Sa voix prophétique
nous avait indiqué les terres promises de la
liberté, et nous avons marché à la conquête de
cette liberté sainte, qui doit être la seule passion
des cœurs généreux, qui est le seul trésor digne
d'envie. Et maintenant que le succès a couronné
tant d'héroïques efforts, c'est aux hommes à qui
nous en avons confié le dépôt sacré à le conserver pur, afin que nous puissions le transmettre
intact à nos descendants.

M. Alphonse Lamartine naquit le 21 octobre
1790, alors que la société était ébranlée jusque
dans ses fondements par le plus grand événe-
ment des temps modernes. Sa famille, frappée par
la révolution, s'était retirée dans cette terre de
Milly que le poëte devait illustrer plus tard,
comme Victor Hugo a fait pour les Feuillan-
tines. L'enfance du jeune Lamartine fut toute
rustique. Ses premières années s'écoulèrent pai-
siblement à Milly, où sa mère, douée par la nature d'une âme aussi pieuse que tendre, lui ap-
prenait à lire dans une Bible de Royaumont.

« Une personne grave, dit M. Sainte-Beuve, et peu habituée aux comparaisons poétiques, qui avait en ce temps l'occasion de voir M. Lamartine avec ses sœurs sous l'aile de la mère, ne pouvait s'empêcher de comparer cette jeune famille aimable et d'un essor si naturel à une couvée de colombes. Quand tout n'était que bouleversement et tempête, comment ce doux nid était-il venu à éclore sur la colline pierreuse? Demandez à Celui qui voulut vêtir le lis du vallon et qui fait fleurir le désert! Le jeune Lamartine ne laissa cette vie domestique que pour aller à Belley, au collége des Pères de la Foi; moins heureux qu'à Milly, il y trouva cependant du charme, des amis qu'il garda toujours, des guides indulgents et faciles auxquels il disait en les quittant :

Aimables sectateurs d'une aimable sagesse,
   Bientôt je ne vous verrai plus !

« Sans parler de tout ce qu'il y avait de primitivement affable dans la belle âme de Lamartine, on doit peut-être à cette éducation paternelle de Belley de n'y avoir rien déposé de timide et de farouche, comme il est arrivé trop souvent chez d'autres natures sensibles de notre âge. »

Vers 1809, Lamartine quitta le collége de Belley et vécut quelque temps à Lyon. De là il se rendit en Italie et vint pour la première fois à Paris en 1812, où il se laissa aller, bien qu'avec décence, à l'entraînement des amitiés de la jeunesse. A cette époque, il ne songeait encore qu'à la gloire poétique, à celle du théâtre en particulier ; » d'ailleurs, assez mécontent du sort, nous raconte M. Sainte-Beuve, et trouvant mal de quoi satisfaire à ses goûts innés de noble aisance et de grandeur. La fortune, en effet, qu'il obtint plus tard de son chef, par héritage d'un oncle, n'était pas près de lui venir, et, comme tous les fils de famille, il sentait quelque gêne de sa dépendance. En 1813, sa santé s'étant altérée, il revit l'Italie ; un certain nombre de vers des *Méditations*, et beaucoup de souvenirs dont le poëte a fait usage par la suite, datent de ce voyage : le *Premier regret* des *Harmonies* s'y rapporte probablement. La chute de l'Empire et la Restauration apportèrent de notables changements dans la destinée de Lamartine : il n'avait jamais adopté l'Empire et ne l'avait pas servi. En 1814, il entra dans une compagnie des gardes du corps. Son royalisme pourtant se conciliait déjà avec des idées libérales et constitutionnelles : il avait même composé une brochure politique dans ce sens, qui ne fut pas publiée faute de libraire. Après les cent-jours, Lamartine ne reprit point de service : une passion partagée, dont il a éternisé le céleste objet sous le nom d'*Elvire*, semble l'avoir occupé tout entier à cette époque. Nous nous garderons de soulever le plus léger coin du voile étincelant et sacré dont brille de loin aux yeux cette mystérieuse figure. Nous nous bornerons à remarquer qu'Elvire n'a point fait avec son poëte le voyage d'Italie, et que le lac célébré n'est autre que celui du Bourget. Toutes les scènes qui ont pour cadre l'Italie, principalement dans les secondes *Méditations*, ne se rapportent donc pas originairement à l'idée d'Elvire, à laquelle nous les croyons antérieures. *Ischia*, le *Chant d'amour*, la première partie des *Préludes*, comme aussi la dédicace de *Childe-Harold*, eurent pour objet d'inspiration la jeune et riche Anglaise, qui est devenue la compagne des destinées de M. Lamartine. Mais avant cet heureux mariage, que de larmes et de désespoir ! La mort d'Elvire avait conduit l'amant sur le bord de la tombe. Une maladie terrible s'était déclarée, et M. Amédée de Parseval passait les nuits à veiller et à prier auprès de la lampe d'agonie de l'auteur des *Méditations*. »

Arraché à la mort par l'affection et les soins empressés d'un ami dévoué, M. Lamartine, le visage pâli par la souffrance, alla colporter de libraire en libraire, ses poésies encore humides de larmes. Après avoir essuyé bien des refus, il trouva enfin à se faire imprimer, et le livre fut lancé dans le public sans nom d'auteur, sans appui, sous le modeste titre de *Méditations poétiques*. C'était en 1820. Le succès soudain qu'elles obtinrent fut le plus éclatant du siècle, depuis le *Génie du christianisme*. Il n'y eut qu'une voix pour applaudir. En quatre ans, quarante-cinq mille exemplaires des *Méditations* se répandirent par le monde. « Cette lyre, a dit M. A. Desplaces, qui chantait à ses préludes les joies et les tristesses de l'amour, enleva, pour première conquête, les suffrages unanimes des femmes; c'était là une grande gloire et un grand bonheur, mais qui n'eussent pas été possibles à toutes les dates. Ces femmes, en effet, qui se laissèrent si volontiers séduire par ces mélodieux accents, étaient, par leur éducation, appelées à en être le naturel auditoire. Elles avaient, tout adolescentes, lu avec attendrissement et les poëmes de Legouvé et ceux de Millevoye. En fait de romans, leur esprit, toujours contenu dans une délicate réserve, ne s'était guère plu qu'aux pages sentimentales de mesdames de Souza et de Charrière, si bien que les strophes des *Méditations* n'eurent qu'à vibrer à leurs oreilles pour éveiller dans leurs âmes tout le chœur enchanté des rêveries amoureuses. Est-il besoin de remarquer qu'il n'en eût pas été de même au lendemain des *Mystères de Paris* et du *Juif errant?* Mais alors que leur imagination n'était pas saturée de peintures audacieuses, perverties et blasées par des scènes et des récits qu'on dirait inventés dans le délire, les femmes devaient céder avec ravissement à cette voix toute d'harmonie et de tendresse, dont les défauts mêmes avaient pour elles des charmes. Nul n'avait encore traduit en

si adorables accords, exprimé en teintes plus
indécises, mais plus attrayantes, les lueurs mé-
lancoliques du couchant, la beauté fragile, le
cœur inassoupi, les enivrements de la solitude,
toutes les aspirations et toutes les inquiétudes
de l'âme. Puis sur le fond vrai, senti et humain
de ses inspirations, le poëte répandait un pres-
tige romanesque qui était, pour bien des esprits
et pour les femmes surtout, une amorce de plus.
Ces brises italiennes, toutes chargées des molles
senteurs de l'oranger, ces étoiles qui se miraient
dans les golfes que rasait la nacelle des deux
amants, toute la mise en scène, idéalisée dans
une discrète mesure, aida puissamment à la con-
sécration rapide des *Méditations poétiques*. On
adora le livre en même temps qu'on l'admira ;
et, quand vint ce magnifique développement des
Harmonies, le nom de **M.** Lamartine, salué avec
acclamations par toute l'Europe, prit soudain
place, en dépit de quelques protestations inin-
telligentes, parmi les noms impérissables dont
une époque est orgueilleuse de doter l'avenir.
Gloire chère et pure, gloire vraiment nationale
et dont les ombres mêmes font mieux ressortir

les rayons ; poésie éclatante et profonde qui s'é-
chappe sans fatigue et sans parcimonie d'une
veine généreuse entre toutes ! »

Heureusement Lamartine était plus poëte
qu'amant, et si l'image d'Elvire a dominé un
instant sa vie, la poésie a survécu à cet amour.
Son âme fervente, ravie d'infinis désirs, fut ra-
menée par un naturel essor aux régions absolues
du Vrai, de la Beauté et de l'Amour. M. Sainte-
Beuve, à qui nous sommes forcé d'avoir recours
pour plusieurs détails, l'a dit avant nous : dans
les femmes qu'il a aimées, même dans Elvire,
Lamartine a aimé un constant idéal, un être
angélique qu'il rêvait, l'immortelle Beauté, en un
mot, l'Harmonie, la Muse. Qu'importent donc
quelques détails de sa vie ! Dans sa vocation in-
vincible, cette vie n'était pas à la merci d'un
heureux hasard : il ne pouvait manquer un jour
ou l'autre de conquérir lui-même en plein et de
faire retentir par le monde son divin organe.

Le brillant succès des *Méditations* et les conseils
de sa famille décidèrent M. Lamartine à entrer
dans la carrière diplomatique. Il fut attaché à la
légation de Florence et partit pour la Toscane.

C'est là, dit-on, sur ce sol inspirateur, au milieu des splendeurs d'une fête italienne, qu'il entendit une voix étrangère, tendre et mélodieuse, murmurer à son oreille ces vers des *Méditations* :

> Peut-être, l'avenir me gardait-il encore
> Un retour de bonheur dont l'espoir est perdu ;
> Peut-être dans la foule une âme que j'ignore
> Aurait compris mon âme et m'aurait répondu !

La voix du poëte avait éveillé d'ardentes sympathies, son âme avait été comprise et un mariage, où il devait rencontrer bonheur, fortune et un dévouement de chaque jour s'ensuivit. Vers cette époque, la fortune de M. Lamartine s'accrut encore de l'héritage d'un oncle opulent. Tout lui arrivait à la fois : gloire, amour et richesse. Jusqu'en 1829, M. Lamartine résida en Toscane, d'abord en qualité de secrétaire d'ambassade, et ensuite comme chargé d'affaires de France. Nous croyons que dans l'intervalle il habita quelque temps Londres. En 1829, il revint à Paris et les *Harmonies* parurent. C'est à propos de ce livre que M. A. Desplaces avoue qu'aucune langue possède un monument dont le

lyrisme soit d'un jet plus sublime. Les magnificences dont ce beau livre étincelle, dit-il, peu-
vent soutenir la comparaison avec les richesses
poétiques de tous les peuples et de tous les âges.
Ce n'est pas l'ode savante, précise, ornée du lyrique romain ; c'est tour à tour le psaume éploré
de David et le vaste déploiement d'une poésie
toute nouvelle qui, comme une autre voie lac-
tée, ruisselle avec splendeur dans l'étendue.
Lisez : *Pourquoi mon âme est-elle triste?* ou *No-
vissima verba*, ou *l'Infini dans les cieux*, et li-
vrez-vous sans défiance à cette vague harmonie
qui vous appelle et va vous entraîner. Quelle
large haleine, et, par moment, quel tourbillon !
Ces grands sujets que M. Lamartine aborde si
hardiment : le néant de la vie, la grandeur de
Dieu opposée à l'impuissance de l'homme ; l'i-
vresse de l'âme en présence des beautés de la
création et d'autres encore, sont en poésie le do-
maine réservé des maîtres. La philosophie dont
s'inspirent les *Harmonies poétiques* joint la man-
suétude à l'élévation. Elle n'est pas l'écho d'un
système ou le produit d'une étude comparée des
théories plus ou moins mensongères que la rai-

son humaine s'est fatiguée à construire ; mais comme ces pures senteurs agrestes qui s'exhalent des bois remués par les vents, elle résulte, sympathique et naturelle, des diverses impressions de la vie, de la douleur qui se prosterne ou de la joie qui rend grâces. Jamais la philosophie chrétienne ne s'est exprimée avec plus de pompe et d'éloquence que dans l'*Hymne au Christ*.

M. Lamartine a dit vrai, lorsqu'il nous avoue qu'il chante comme l'homme respire, comme l'oiseau gémit, comme le vent soupire, comme l'eau murmure en coulant. Mais où prend-il cette facilité d'allure, ces effets de sons si mélodieux, cette grâce suprême que l'on retrouve dans tous ses chants, alors même que sa poésie éclate dans sa toute-puissance ? S'il était possible d'assigner aux vrais poëtes des heures naturelles d'inspiration et de chant, comme cela existe dans l'ordre de la création pour certains oiseaux harmonieux, nous dirions, comme M. Sainte-Beuve, sans trop de crainte de nous tromper, que Lamartine chante au réveil, à l'aurore (et réellement, la plupart de ses pièces, celles mêmes où il célèbre la nuit, sont écloses à ces premiers moments du jour ; il ébauche d'ordinaire en une matinée, il achève dans une matinée suivante).

Les *Harmonies*, peu accessibles au vulgaire, furent une consolation pour les âmes tendres, recueillies au milieu de la grande commotion politique de 1830. Quand la révolution de Juillet éclata, M. Lamartine venait d'être reçu à l'Académie française, et il était sur le point de partir pour la Grèce en qualité de ministre plénipotentiaire.

Après quelques hésitations bien naturelles, après avoir refusé même de conserver son titre, que le gouvernement nouveau s'empressa de maintenir, M. Lamartine se jeta résolûment dans la voie nouvelle ouverte aux esprits. « Il est toujours permis, s'écria-t-il, de prendre sa part du malheur d'autrui, mais il ne faut pas prendre gratuitement sa part d'une faute que l'on n'a point commise. Il faut rentrer dans les rangs des citoyens, penser, parler, agir, combattre avec la famille des familles, avec le pays ! »

Dix-huit ans plus tard, cette monarchie parjure, à laquelle il avait franchement, sincèrement offert son concours, et qu'il avait abandonnée ensuite, cette monarchie venait vainement invoquer l'appui des hommes dont elle avait méprisé les sages avertissements. M. Lamartine fut admirable d'élan, de spontanéité, cette fois, pour défendre la grande cause du peuple. Revenons à 1830. M. Lamartine, un moment épris d'amour pour la vie politique, pour les orages de la tribune, ne tarda pas à y renoncer pour mettre à exécution le rêve de sa vie entière. « Le 20 mai 1832, nous apprend M. de Loménie dans sa *Galerie des contemporains illustres*, M. Lamartine était à Marseille, prêt à s'embarquer pour l'Asie. N'est-ce pas un fait étrange que cette impulsion irrésistible qui semble pousser vers l'Orient tous les génies de notre époque, Napoléon, Chateaubriand, Byron, Lamartine? Gœthe n'a pas vu l'Orient, mais ceux qui ont lu *le Divan* savent avec quel amour il le rêvait et le devinait dans ses rêves. Ce magnifique berceau de l'humanité serait-il appelé à devenir l'asile de ses derniers jours? Est-il écrit que la grande armée de la civilisation ira camper sous les tentes de l'Arabe, et M. Lamartine serait-il un de ces missionnaires de l'avenir envoyés d'en haut pour explorer le désert et préparer les voies ?

« Après un voyage de seize mois, M. Lamartine a rapporté de l'Orient de grandes idées et un beau livre, trésor, hélas ! bien chèrement acheté, car il a perdu là-bas son unique enfant, sa blonde Julia, que ce noble cœur de père et de poëte pleure comme Rachel, *qui ne voulait pas être consolée*. Le livre de M. Lamartine n'a eu qu'un succès restreint ; il semble que la critique et le public aient pris au sérieux de modestes lignes de préface où l'auteur fait bon marché de son œuvre ; or, n'en déplaise au public, à la critique et à M. Lamartine, ces pages ne nous paraissent point si négligées qu'il le veut bien dire et qu'on le veut bien croire. A part la justesse plus ou moins contestable des vues politiques, il est certain que, si la richesse du style, l'élévation de la pensée, la fraîcheur des images, et par-dessus tout la succession rapide et variée des scènes les plus émouvantes, si tout cela constitue une belle œuvre, le *Voyage en Orient* est un livre qui ne mourra pas.

« Religion, histoire, philosophie, politique et drame, il y a tout cela dans ce livre. Essayons de l'analyser rapidement. — Et d'abord voici un homme heureux par la gloire, par l'opulence, par le cœur, par les saintes affections du foyer domestique, par les sympathies et l'admiration de la foule, qui dit adieu à tout ce qu'il aime, prend par la main sa femme et sa fille, équipe un vaisseau et confie aux flots *ces deux parts de son cœur ;* tout cela parce que enfant il lisait la Bible sur les genoux de sa mère, et qu'une voix impérieuse lui crie sans cesse : « Va pleurer sur la montagne où pleura le Christ, va dormir sous le palmier où dormit Jacob. » Et puis, quand l'ancre est levée, quand le vent enfle les voiles, comme on suit avec anxiété le navire qui porte une noble femme, une gracieuse enfant et la fortune poétique de la France ! Comme on lit avec bonheur tous ces détails d'arrangements intérieurs ; comme on aime ces soins de l'époux et du père, cet équipage de seize hommes qui appartiennent corps et âme au poëte, cette bibliothèque de cinq cents volumes, cette tente dressée au pied du grand mât, cet arsenal de fusils, de pistolets et de sa-

bres, et ces quatre canons chargés à mitraille!
J'ai à défendre deux vies qui me sont plus chères
que la mienne, dit M. Lamartine avec un mélange de sollicitude et de fierté. Dans la traversée
de Marseille à Beyrouth, le voyageur écrit son livre jour par jour au fond de sa cabine, ou le soir
sur le pont, au roulis du vaisseau. C'est une mo-
saïque variée, confuse, mais attrayante, de ré-
flexions morales, de retours sur le passé, de cau-
series du présent, de pensées jetées vers l'avenir;
le tout entremêlé de paysages dont le coloris fe-
rait envie à Claude Lorrain. Le poëte ne fait que
passer, le navire vole, les rivages fuient, et pourtant les vallées, les montagnes, les monuments,
les hommes, la mer et le ciel, tout cela est saisi à
vol d'oiseau et décrit avec un charme inexpri-
mable. L'intérêt va toujours croissant; les épi-
sodes variés de la vie maritime et de la vie orientale s'accumulent; rien ne manque au drame,
pas même la catastrophe. Car chaque fois que le
nom ou l'image de Julia se rencontre sous la
plume de M. Lamartine, on éprouve comme
un serrement de cœur, on frémit à cet accent
passionné d'un père qui couve du regard sa belle

enfant et se plaît à la peindre « se détachant au
« milieu de toutes ces figures mâles et sévères,
« les cheveux dénoués et flottants sur sa robe
« blanche, son beau visage rose, heureux et gai,
« entouré d'un chapeau de paille de matelot noué
« sous son menton ; jouant avec le chat blanc du
« capitaine ou avec une nichée de pigeons de mer
« pris la veille, qui se couchent sous l'affût d'un
« canon tandis qu'elle leur émiette le pain de son
« goûter. »

« Hélas ! voici déjà la côte d'Asie, voici le Li-
ban, voici Beyrouth, la ville funeste, la ville qui
verra mourir Julia ! Le voyageur débarque,
achète cinq maisons pour sa femme et sa fille, les
laisse jouir de toutes les magnificences de la vie
orientale, et part pour Jérusalem, avec une
escorte de vingt cavaliers à lui, montés sur vingt
chevaux à lui. Les scheiks des tribus viennent à
sa rencontre, toutes les villes lui ouvrent leurs
portes, et les gouverneurs répondent de sa sû-
reté sur leur tête ; ainsi l'a voulu Ibrahim-Pacha.
Lady Stanhope, cette Sémiramis en miniature,
moitié sublime et moitié folle, lui prédit de mer-
veilleuses destinées, et les Arabes, ravis de la

belle et imposante figure, de la taille haute, élancée, des armes étincelantes de cet homme qui passe au galop avec ses vingt chevaux à travers le désert, courbent la tête devant celui qu'ils appellent l'*émir frangi*, le prince français; or l'émir est tout simplement ce pauvre poëte qui tout à l'heure priait vainement des marchands d'huile et des fabricants de sucre de betterave de vouloir bien lui ouvrir les portes de la Chambre.

« Nous n'en finirions pas si nous voulions nous arrêter sur toutes ces belles pages dont chacune est à elle seule un tableau. Est-il au monde une scène plus gracieuse, plus pittoresque et plus neuve que celle-ci; par exemple : M. Lamartine est assis sur les pentes embaumées du Carmel, au milieu de la plus belle végétation du monde, à côté de Lilla, « cette belle fille de « l'Arabie au sein nu, avec ses longs cheveux « d'un blond foncé, nattés sur sa tête en mille « tresses qui retombent sur ses épaules nues, au « milieu d'un confus mélange de fleurs, de se- « quins d'or et de perles jetés au hasard sur « cette jeune tête. » Tout à coup voici venir, monté sur une rapide cavale, un des plus célèbres poëtes de l'Arabie; il a appris que par là passait un frère d'Occident, et il est venu jouter avec lui : notre poëte accepte le défi. L'enfant de l'Asie et l'enfant de l'Europe se recueillent et rivalisent à qui trouvera des chants plus harmonieux pour célébrer la beauté de Lilla. La langue mesquine et grêle de notre France descend en champ clos avec cette langue souple et harmonieuse que parlaient Job et Antar; et pourtant, grâce à M. Lamartine, la France n'est pas vaincue.

« C'est au milieu de pareils enchantements que le poëte nous entraîne à sa suite, à travers la Grèce, la Syrie, la Judée, la Turquie et la Servie; l'œil est comme ébloui de tous ces paysages féeriques, de toutes ces scènes de guerre, de paix, de tristesse, de joie, de repos, d'amour, qu'il voit tour à tour passer devant lui. L'*Itinéraire* de M. de Chateaubriand est tout à la fois le livre d'un poëte, d'un historien et d'un philosophe, qui s'en va manier les débris des siècles et demander à leur poussière le secret des temps qui ne sont plus. Ce qui ressort toujours en relief dans le livre de M. Lamartine, malgré M. Lamartine, c'est le poëte; son œuvre est avant tout l'œuvre d'un artiste religieux et passionné, explorant le beau sous toutes ses formes, demandant à la vie toutes ses sensations, à la nature toutes ses splendeurs, à l'art tous ses prestiges.

« Bientôt le voyageur dut songer au retour; les Dunkerquois lui avaient envoyé par delà les mers un mandat législatif; il se prépara à partir, triste et le cœur brisé; car ce même navire, qui avait vu sa Julia bien-aimée courir sur son pont, riante et joyeuse, allait repasser l'Océan, emportant la pauvre enfant froide et couchée au cercueil. Pour s'épargner à lui et à la mère de sa fille la douleur d'un contraste si déchirant, M. Lamartine revint en France sur un autre bâtiment. »

En 1834, le 4 janvier, M. Lamartine parut pour la première fois à la tribune dans la discussion de l'Adresse. Que sera-t-il? légitimiste conservateur, radical socialiste? La Chambre reflétait alors d'une manière assez incomplète l'opinion du dehors. Chacun avait une cocarde. Mais bientôt les liens les plus solides se rompirent, les bouleversements survinrent. M. Lamartine essaya de se railler à un drapeau, mais au milieu de tous ses revirements, il fut tiraillé en tous sens, et à peine avait-il formé une liaison, accepté une classification politique, qu'il était forcé de la désavouer. Il sut se retirer à temps de ce pêle-mêle parlementaire et se défendre des tendances rétrogrades de ce parti honteux, corrompu, que l'on nommait le parti conservateur. M. Lamartine poussa droit devant lui, sans se préoccuper des partis : il se fit l'apôtre du progrès, et l'Europe entière l'écouta avec cette émotion profonde que font naturellement naître les paroles harmonieuses d'un grand poëte et d'un honnête homme. Chacun rendit d'abord justice à ses sentiments moraux et religieux, à l'élévation de son caractère, à ses précieuses qualités, à son noble cœur, et ensuite on se laissa entraîner par les généreuses paroles qu'il fit entendre contre l'arbitraire, la corruption et les vengeances iniques du pouvoir. Le poëte devint homme politique et il attaqua les abus par le côté positif : il demanda du travail pour le peuple et de l'égalité pour tous.

Il y a dans M. Lamartine deux personnages qui n'en font plus qu'un seul aujourd'hui : le poëte et l'homme politique. Timon, le spirituel pamphlétaire, disait, il y a quelques années en parlant de Lamartine : « Il est négligé, mais il est simple précisément parce qu'il est négligé. Il se joue de la rime, et la mélopée, sous ses doigts, se transforme, se module et se ploie à toutes les inspirations, à toutes ses fantaisies. Les sphères célestes ne roulent pas dans l'immensité avec plus d'harmonie que ses vers. Le ruisseau ne coule pas dans la prairie avec un plus léger murmure. Le jeune oiseau n'a pas un chant plus frais. Les lacs de Sicile, enflés de molle brise, ne s'illuminent pas, le soir, de rayons plus purs et plus doux.

« Et ce n'est pas seulement sa voix qui chante, c'est son âme qui soupire et qui parle à mon âme, qui vibre en moi, qui fait frémir tout mon être et qui m'inonde de sa tendresse et de ses pleurs. C'est sa méditation qui me ravit sur des ailes de flamme, dans les régions de l'éternité, de la mort, du temps, de l'espace et de la pensée où je n'avais jamais pénétré, et qui exprime des

vérités métaphysiques dans un langage pittoresque, sensible, inouï.

« Je ne sais si la césure de son vers n'est pas
quelquefois brisée, si sa rime n'est pas toujours
suffisante, si l'idée ne flotte pas dans le vague,
ne s'embarrasse pas dans la contradiction, si les
cordes de sa lyre ne rendent pas de son toujours
le même, et je ne veux pas le savoir. Est-ce que
les rames pareilles ne frappent pas l'onde d'un
bruit égal et mesuré? Est-ce que je me plains à
la fauvette de ce qu'elle chante ses doux chants
et de ce qu'elle les recommence? Est-ce que le
rossignol ne m'enivre pas toujours, toujours de
sa mélodie, la beauté de son regard et la violette
de son parfum? Est-ce que je détourne mon
oreille du bruit lointain de la cascade et mes
yeux de l'éclat fixe des étoiles? Est-ce que l'âme
qui souffre ne jette pas éternellement le même
cri? Est-ce que la mère qui vient de perdre son
fils ne se complaît pas dans les inconsolables ré-
pétitions de sa douleur? De même, est-ce que je
demande à Lamartine de prouver dans un syllo-
gisme cadencé, la vérité de ce qu'il chante? Je ne
lui demande que de rêver sur sa lyre et je rêve,

de soupirer et je soupire, d'aimer et j'aime, de jouir et je jouis.

« Qui pourrait méconnaître, sans injustice, que Lamartine et Victor Hugo ont enrichi de leurs perles et de leurs diamants notre couronne poétique déjà si éclatante? Tous deux, irréguliers dans leur marche et rebelles au frein de la grammaire; tous deux, sans doute, plus soucieux du mot que de l'idée, de l'inversion que du sens droit, de la nouveauté que de la méthode, de l'inattendu que de la gradation, et parfois de la rime que de la raison; tous deux, un peu assoupissants dans leur monotonie, un peu étourdissants dans leur fracas, mais tous deux, esprits puissants, génies originaux venus pour renouveler une littérature épuisée. L'un jetant de la flamme et des étincelles, comme une escarboucle d'Orient; l'autre soupirant, comme la lyre de Fingal dans les bruyères désolées. L'un emporté dans sa fougue lyrique, trop prodigue de sa force et de ses richesses, désordonné, fantasque, quelquefois sublime; l'autre plus religieux, plus méditatif; l'un allant à l'esprit, l'autre au cœur; l'un au sexe qui raisonne et qui agit, l'autre au sexe qui sent et qui aime.

« C'est un phénomène qui n'a peut-être pas d'autre exemple, qu'un orateur ait commencé à plus de quarante-cinq ans à haranguer sans préparation. Mais ceci s'explique : Lamartine est le premier, le seul improvisateur de nos poëtes ; les vers s'échappent de sa veine comme l'eau d'une source. Lamartine n'est jamais monté sur le trépied ; il n'a jamais été agité du dieu de la Pythonisse, jamais laissé flotter ses cheveux au vent, jamais pâli sous les frémissements de l'inspiration, jamais creusé, jamais labouré, en suant à grosses gouttes, le sillon de la pensée. Sa poésie est limpide, facile, enchaînée comme un discours, et son discours est nombreux, orné, coloré, retentissant, mélodieux comme la poésie. »

Un fait digne de remarque, c'est que M. Lamartine vous avoue, avec la meilleure foi du monde, qu'il est homme politique beaucoup plus que poëte, comme si tous ses admirables discours n'étaient pas de magnifiques poëmes, de la prose à laquelle il ne manque que la rime, de cette grande et belle prose dont les traditions étaient perdues sous l'ancien régime. Ne parlet-il pas comme il chante ? C'est du pur lyrique, du lyrique de source, sans mélange et sans effort.

D'année en année, M. Lamartine a grandi comme orateur, et nul ne songe à lui contester aujourd'hui la pleine et entière possession de la gloire parlementaire. Timon, qui n'a pas toujours été un appréciateur impartial et encore moins un bon prophète, concédait, en 1842, à M. Lamartine un heureux tour d'imagination, une mémoire étendue, souple et fraîche, qui retient et rend tout ce qu'il y met, qui n'hésite pas devant les interruptions, se joue à l'aise dans sa marche, et suit, sans se perdre, le fil incertain de mille détours ; du calme dans les orages de la tribune, d'ailleurs peu violent autour de lui ; une rare et merveilleuse faculté de s'approprier les idées des autres, qui n'a peut-être pas sa pareille dans l'Assemblée ; une perception vive des difficultés de chaque sujet ; une richesse de palette qui se charge de toutes les couleurs, et qui les broie, les fond, les varie, les assortie, les multiplie, et les répand en fleurs, en ondes, en nuances, dans tous ses discours ; un beau développement de phrases enchaînées ; une élocution

large et nourrie; une réplique animée, une ca-
dence, un nombre, une abondance d'images, de
sons, de mouvements qui remplissent l'oreille
sans la fatiguer, et qui ressemblent de si près à
la grande éloquence, qu'on pourrait bien s'y
tromper.

On pressentait déjà, à cette époque, sans l'a-
vouer pourtant bien haut, que M. Lamartine
était un de ces génies puissants qui ont la faculté
de parler sans cesse à la foule et de l'enchaîner
sans cesse à leur parole. Depuis, soit qu'il ait été
tour à tour historien, orateur ou poëte, il a
noblement poursuivi son but humanitaire, et il a
su donner aux idées dont il se faisait le préconi-
sateur, toutes les formes, toutes les harmonies.
L'orateur nous est subitement apparu dans tout
son éclat, avec autant de splendeur que le poëte.
A l'orateur et au poëte a succédé l'historien qui
nous a montré la Révolution dans sa vie orageuse.
C'était à cet esprit vigoureux qu'il appartenait
de réhabiliter ces héros tant de fois calomniés et
qui sont morts victimes de leur dévouement à la
cause de la liberté. L'immense retentissement de
l'*Histoire des Girondins*, son succès inouï, sans

précédents dans les annales de la librairie, et les attaques violentes dont elle fut l'objet de la part de certain parti, prouvent assez que ce livre était quelque chose de plus qu'un livre. C'était le signal d'une réaction violente contre un ordre d'idées. Ce récit dramatique a enflammé tous les cœurs, il a fait aimer passionnément la Révolution, et M. Lamartine peut à bon droit revendiquer une large part dans les glorieux événements des 23 et 24 Février. Cette histoire, qui produit un peu l'effet d'un chant patriotique, laissera dans la mémoire française de belles traces, des portions lumineuses, des mouvements qui seront incontestablement cités comme exemples d'une inspiration patriotique pure, et aussi d'impérissablez souvenirs du saint enthousiasme avec lequel cette sublime épopée fut accueillie. Qui donc n'a pas senti un battement de cœur et n'a pas versé quelques larmes en lisant ces pages éloquentes ? Aujourd'hui que nos libertés, si longtemps étouffées, viennent d'être reconquises, ayons toujours présents à l'esprit ces jours immortels de liberté, de grandeur, d'héroïsme, d'espérance et de dévouement.

Nous n'avons rien dit encore des *Recueille-ments poétiques,* de *Jocelyn,* de *la Chute d'un ange* et de quelques autres productions poétiques et littéraires de M. Lamartine. La politique nous envahit, et le moment serait mal choisi pour faire de la critique. Suivons plutôt M. Lamartine dans la sphère de luttes et de passions où il s'est placé. Remercions-le d'avoir un instant replié ses ailes pour soutenir le juste, proclamer le droit et sauver la patrie. Espérons qu'il continuera à se tenir en dehors, comme par le passé, de toute coterie politique, et qu'il sera toujours un de ces phares lumineux auxquels l'œil aime à se rattacher. Son désintéressement politique, son amour vrai du pays, la loyauté chevaleresque de son caractère nous sont de sûrs garants de l'avenir. Ces vertus précieuses qu'il a tant de fois offertes avec éclat à l'édification du sentiment public, doivent nous rassurer sur sa conduite ultérieure. Il ne se départira pas du rôle qu'il a choisi, et actuellement qu'il est investi de pouvoirs publics, il saura noblement remplir les nouveaux devoirs que son éminente position lui impose.

La nation attend du gouvernement provisoire de la République la solution des problèmes économiques et des questions sociales qui agitent la société tout entière. Mieux que personne il est à même de savoir que cette solution a ses principaux éléments dans l'ordre social. Tout homme, lui écrivait l'année dernière M. Pascal Duprat, doit trouver au sein de la société les moyens nécessaires à son existence, à son développement physique et moral. Un Etat est dans la discorde et l'anarchie, il manque à son rôle, quand il ne fournit pas à chacun de ses membres ces conditions fondamentales de la vie humaine. Chaque Etat a donc besoin d'un ensemble d'institutions qui répondent aux divers buts de l'humanité. Les institutions économiques ont là leur place comme les institutions religieuses, scientifiques ou littéraires. Il n'y a point de véritable vie nationale, dans l'acception supérieure de ce mot, sans tous ces éléments. Le devoir des philosophes, des publicistes, des hommes d'Etat, est de les appeler et de les produire au grand jour. Grâce à sa civilisation et à sa puissance, la France est plus près de cet idéal que toutes les autres nations de l'Europe. Le moment est venu de l'en rapprocher davantage. Ne parlons donc plus de bienfaisance publique, ni même de charité. Laissons ce langage d'un autre temps ; écartons des solutions qui ne satisfont point la conscience moderne. Il ne s'agit plus pour notre siècle de chercher de vains remèdes aux maux de l'humanité, mais de rentrer dans ce droit éternel qui a ses racines dans Dieu lui-même.

Il serait dangereux en ce moment de discuter ou de blâmer trop sévèrement les actes du gouvernement provisoire ; nous avons pour cela, du reste, d'autres tribunes. Mais nous croyons devoir engager M. Lamartine, en particulier, à ne pas se laisser déborder. L'Europe entière a les yeux fixés sur lui, et il doit se défier de ses passions autant que de celles des autres. Qu'il se défie surtout des courtisans, de cette race immonde qui a été de tous temps la honte des nations. Cette cohorte s'avance déjà menacante ; elle envahit les antichambres, elle assiège les cabinets des ministres, et de toutes parts, ces hommes impurs adressent, sans nul doute, des protestations de dévouement au nouvel ordre de choses. Mensonge et hypocrisie! malheur à nous si les hommes à qui nous avons confié les destinées de la France n'ont pas le courage de nettoyer les écuries d'Augias; malheur à nous si le gouvernement provisoire ne fait pas bonne et prompte justice de cette tourbe d'intrigants, de ces valets de la dynastie déchue qui poussent la lâcheté jusqu'à salir de leur bave les maîtres aux pieds desquels ils se sont traînés pendant dix-huit ans. Hommes du jour, ces misérables vous insultaient hier et vous insulteront demain; ils trahiront la République comme ils ont trahi la monarchie. Ils sont de la race de ceux qui applaudissaient Néron quand il faisait assassiner sa mère; qui louaient Alexandre quand il déchirait dans l'ivresse le sein de son ami, et qui glorifiaient Napoléon d'étouffer la liberté?

Dans tous les pays, dans tous les âges, il s'est trouvé des courtisans qui l'ont emporté sur les vrais amis du peuple, parce que dans tous les pays et dans tous les âges, il a existé des hommes avides de flatterie. Et lorsque des cœurs généreux se sont élevés contre cet empire de la platitude, ils ont été sacrifiés. Gracchus fut proscrit

4

par le sénat de Rome ! Nos *satisfaits* n'ont-ils pas imité le sénat romain ? N'oublions pas que l'édifice qui vient de s'écrouler était miné par la corruption. Proscrivons donc sans pitié les corrupteurs, si nous voulons que la liberté soit assise sur des bases inébranlables.

M. Lamartine ne manque assurément pas d'énergie ; il l'a prouvé en maintes circonstances solennelles, et notamment dans la journée du 26 février. Cinq fois, au balcon de l'hôtel de ville, il s'est adressé au peuple, égaré par de perfides insinuations. « C'est ainsi, a-t-il dit, qu'on vous promène de calomnie en calomnie contre les hommes qui se sont dévoués, tête, cœur, poitrine, pour vous donner la véritable république, la république de tous les droits, de tous les intérêts, de toutes les légitimités du peuple.

« Hier, vous nous demandiez d'usurper, au nom du peuple de Paris, sur les droits de trente-cinq millions d'hommes, de leur voter une république absolue au lieu d'une république investie de la force de leur consentement, c'est-à-dire de faire de cette république imposée et non consentie la volonté d'une partie du peuple, au lieu de la volonté de la nation entière ; aujourd'hui, vous nous demandez le drapeau rouge à la place du drapeau tricolore. Citoyens ! pour ma part, le drapeau rouge je ne l'adopterai jamais ; et je vais vous dire dans un seul mot pourquoi je m'y oppose de toute la force de mon patriotisme.

« C'est que le drapeau tricolore, citoyens, a fait le tour du monde, avec la République et l'Empire, avec nos libertés et nos gloires, et que le drapeau rouge n'a fait que le tour du champ de Mars, traîné dans des flots de sang du peuple. »

A ces traits du discours de M. Lamartine, dans cette étonnante séance de soixante heures, au milieu de la foule irritée, on s'attendrit tout à coup pour M. Lamartine, on bat des mains, on verse des larmes, et on finit par l'embrasser, par prendre ses mains, et par le porter en triomphe. Un moment après, de nouvelles colonnes s'avancent, armées de sabres, de baïonnettes ; elles frappent aux portes ; elles s'accumulent dans les salles. On s'écrie que tout est perdu, que le peuple va tirer ou étouffer les membres du gouvernement provisoire. On demande M. Lamartine. On le supplie d'aller encore une fois, une dernière fois, faire entendre sa voix à la multitude en fureur. On l'élève sur une marche d'escalier : la foule reste une demi-heure sans vouloir l'entendre, vociférant, brandissant les armes de toute nature au-dessus de sa tête. M. Lamartine se croise les bras, reprend la parole, et finit par attendrir, dompter, caresser ce peuple intelligent et sensible, et par le déterminer ou à se retirer ou à servir lui-même de sauvegarde au gouvernement provisoire.

Le lendemain, le gouvernement provisoire rendait le décret suivant :

« Le gouvernement provisoire déclare que le drapeau national est le drapeau tricolore, dont les couleurs seront rétablies dans l'ordre qu'avait adopté la République française ; sur ce drapeau seront écrits ces mots : RÉPUBLIQUE FRANÇAISE, LIBERTÉ, ÉGALITÉ, FRATERNITÉ, trois mots qui expliquent le sens le plus étendu des doctrines démocratiques, dont ce drapeau est le symbole, en même temps que ses couleurs en continuent les traditions.

» Comme signe de ralliement, et comme souvenir de reconnaissance pour le dernier acte de la révolution populaire, les membres du gouvernement provisoire et les autres autorités porteront la rosette rouge, laquelle sera placée aussi à la hampe du drapeau. »

Le 24 février, M. Lamartine était à la Chambre, pâle, souffrant et profondément ému par les nouvelles qui arrivaient du dehors. L'amour de la patrie, son dévouement à la grande cause du peuple, soutenaient seuls son énergie. M. Ledru-Rollin était à la tribune et protestait contre la régence. La tribune était envahie par un grand nombre de citoyens, et de toutes parts on brandissait des armes. C'est alors que M. Lamartine prit la parole. « Lamartine! Laissez parler Lamartine! Vive Lamartine! » criait-on dans les tribunes et dans toute la salle.

« Messieurs, a dit le célèbre orateur, j'ai partagé les douloureux sentiments qui agitaient tout à l'heure cette enceinte en voyant le spectacle le plus triste que puissent offrir les annales humaines, celui d'une princesse se présentant avec son fils innocent et quittant un palais désert pour venir se placer sous la protection de la nation.

« Mais, si j'ai partagé le respect pour une grande infortune, je partage aussi la sollicitude, l'admiration que doit nous inspirer ce peuple, qui combat depuis deux jours contre un gouvernement perfide, pour rétablir l'empire de l'ordre et de la liberté. » (Bravos dans les tribunes.)

« Ne nous faisons pas d'illusion. »

Une voix : « Il n'en faut plus ! »

M. Lamartine : « Ne croyez pas qu'une acclamation dans cette enceinte puisse remplacer le concours des volontés de vingt-cinq millions d'hommes. Il faut une acclamation, et, quel que soit le gouvernement que se donne le pays, il faut qu'il soit cimenté par des garanties solides, définitives.

« Comment ferez-vous ! comment trouverez-vous les conditions nécessaires d'un tel gouvernement, au milieu des éléments flottants qui nous entourent? En descendant dans le fond même du pays, en sondant hardiment ce grand mystère du droit des nations. » (Très-bien ! trèsbien ! dans les tribunes.)

« Au lieu d'avoir recours à ces subterfuges, à ces émotions, pour maintenir une de ces fictions qui n'ont rien de durable, je vous demande :

« D'abord de former un gouvernement, non pas définitif, mais un gouvernement provisoire, un gouvernement chargé d'étancher le sang qui coule, d'arrêter la guerre civile. (Acclamations dans une grande partie de la salle.)

« Un gouvernement que nous investissons, sans rien abdiquer du droit de nos ressentiments, de nos colères, de la première et grande mission de rétablir la paix entre les citoyens ;

« Puis, à qui nous imposerons le devoir de consulter et de convoquer le peuple tout entier, tout ce qui possède dans son titre d'homme le droit de citoyen. » (Vives et nombreuses acclamations dans les tribunes.)

Eu ce moment on frappe à coups violents et redoublés à la porte d'une tribune haute, qui bientôt après est envahie par un grand nombre d'hommes armés, et dont quelques-uns tiennent leur fusil au-dessus de l'assemblée.

On fait sortir aussitôt madame la duchesse

d'Orléans, ses fils et les personnes qui les ac-
compagnent, par une porte donnant au-dessus
des bancs de l'extrême gauche. M. Sauzet quitte
le fauteuil. Un grand nombre de députés aban-
donnent leurs places. Le désordre est à son
comble.

Un instant après, M. Dupont (de l'Eure) monte
au fauteuil. M. Lamartine, M. Ledru-Rollin paraissent à la tribune sans que le silence se réta-
blisse. Quelques gardes nationaux et autres personnes étrangères à la Chambre essayent en vain
de se faire entendre.

Cris dans les tribunes : Lamartine ! Laissez
parler Lamartine !

M. Lamartine : Un gouvernement provisoire
va être proclamé...

Nouveaux crix : Vive Lamartine !

Après avoir été proclamé membre du gouvernement provisoire, M. Lamartine et M. Ledru-
Rollin, précédés de quelques citoyens en armes,
se rendirent à l'hôtel de ville. Sur le quai
d'Orsay on offrit un verre de vin à M. Lamar-
dine dont la faiblesse était extrême. On voyait
qu'il faisait de grands efforts pour triompher de

ses souffrances intérieures, et plusieurs fois nous l'avons remarqué essuyant la sueur qui ruisselait sur son front. Ce courage civique, cette énergie surhumaine qu'il a déployés, sont au-dessus de tout éloge. Et malgré son état maladif, il n'a pas cessé un seul instant, depuis qu'il est investi de pouvoirs publics, de donner à la patrie l'exemple du plus pur patriotisme et du plus noble dévouement.

_ A la fin de la séance du 26, à l'hôtel de ville, le gouvernement provisoire, précédé de M. Lamartine, à qui M. Dupont (de l'Eure), épuisé par des efforts au-dessus de ses forces, avait cédé momentanément la présidence, est descendu sur le perron de l'hôtel de ville, en face de cette multitude. Des voix innombrables ont accueilli d'un seul cri de *Vive Dupont (de l'Eure)! vive Lamartine! vive les membres du gouvernement provisoire!* la présence de ces citoyens et de ces ministres.

M. Lamartine, après quelques mots dans lesquels il a annoncé au peuple le plus sublime décret qui soit jamais sorti de la bouche d'une nation encore toute palpitante des combats qu'elle venait de livrer, a lu le décret qui abolit la peine de mort en matière politique. « C'est là, messieurs, a dit en terminant M. Lamartine, avec un accent véritablement religieux, c'est là ce qui fera descendre du ciel la bénédiction dont les œuvres des hommes ont besoin pour être éternelles; et il n'y a pas, a-t-il ajouté, de plus digne hommage à offrir à un peuple tel que vous, que le spectacle de sa propre magnanimité. »

Après cette séance en plein air, le gouvernement provisoire est remonté dans la grande salle de l'hôtel de ville, où se sont passés tant d'actes mémorables de nos grands drames révolutionnaires. « C'était là la salle du trône, jadis, s'est écrié M. Pagnerre; qu'elle s'appelle à jamais la salle de la République! » Là, les acclamations, qui n'avaient pas cessé, ont appelé au balcon le gouvernement provisoire tout entier; il s'y est présenté. M. Dupont (de l'Eure) et M. Lamartine, ainsi que leurs collègues, y ont été salués par cent mille têtes qui se découvraient spontanément et par une acclamation qui a duré plusieurs minutes. Le gouvernement provisoire est ensuite rentré dans le lieu de ses délibérations, et a vaqué deux heures aux innombrables affaires dont il est assiégé.

M. Lamartine est descendu ensuite seul pour s'échapper obscurément par un coin de la place ; mais, reconnu à l'instant par quelques citoyens, un cri unanime et un million de fois répété de *Vive Lamartine! vive l'ordre républicain!* est sorti de toutes les bouches. Un immense courant de peuple s'est pressé autour de lui, au risque de l'étouffer ; des hommes du peuple dévoraient ses cheveux, ses mains, ses habits de caresses; on a eu de la peine à l'arracher à ces embrassements, qui se multiplièrent jusque sur la place de Grève.

Puis une masse énorme et compacte de gardes nationaux, de citoyens, d'ouvriers, d'étudiants de toutes les écoles, s'est détachée de la place de l'hôtel de ville, encombrait les quais en renouvelant ces cris de *Vive Lamartine! vive la République! vive l'ordre!* jusqu'au pont des Tuileries, à l'entrée de chaque pont, à l'issue de chaque rue, au bord de chaque trottoir du quai, où des groupes se pressaient en plus grand nom-

bre, aux cris de *Vive Lamartine!* et se rani-
maient avec une nouvelle énergie.

C'est l'émeute de l'ordre, s'écriaient les citoyens, c'est la victoire du peuple; Paris s'est
vaincu lui-même; des battements de mains, des
larmes dans les yeux, des bras qui s'ouvraient de
loin comme pour embrasser M. Lamartine; les
gestes passionnés, les physionomies heureuses,
tout annonçait une des grandes journées de la
masse; tout révélait cette satisfaction de la conscience d'un grand peuple qui vient d'accomplir
la plus difficile des vertus populaires, celle de se
modérer, de se régulariser et de pardonner.

M. Lamartine a pris le Pont-Royal pour se
rendre chez lui; les mêmes cris l'ont accompa-
gné au delà du pont; dans la rue du Bac et dans
la rue de l'Université, toutes les fenêtres étaient
ouvertes; des mouchoirs agités, des bras tendus
saluaient le triomphe de la République et de la
sécurité qui renaissaient dans la personne de
l'orateur qui, depuis trois jours, avait fait des
efforts surhumains pour faire rentrer la Révolution débordant dans des conditions d'ordre, de
droit, de liberté et de sécurité pour tous.

On faisait arrêter les voitures, lever les chapeaux sur son passage; enfin, lorsque M. Lamartine s'est arrêté sur sa porte, le cortége immense qui l'accompagnait, et qui remplissait la rue de l'Université, s'est arrêté religieusement sur le seuil, par un sentiment de réserve et de délicatesse dont le peuple français a seul l'instinct, de peur de troubler l'inviolabilité d'une demeure privée, et d'inquiéter de sa joie même un seul citoyen.

M. Lamartine, monté sur une chaise et soutenu par les bras de milliers d'amis inconnus, a harangué alors pour la dernière fois cette multitude, en faisant appel à toutes ses vertus et en lui disant que chaque fois qu'un gouvernement ou un homme saurait trouver l'âme du peuple français et s'adresser directement et avec confiance à la vertu que Dieu a mise dans ses instincts, il n'y avait rien de grand, rien qu'on ne pût lui demander et en obtenir avec certitude, sans crainte de se voir jamais démenti de ce peuple. Nous espérons que des sténographes ou que des mémoires heureuses nous rendront cette magnifique improvisation dans la rue, et que nous pourrons en communiquer l'impression aux lecteurs de la *Galerie des gens de Lettres.*

Depuis quelques jours, la nation entière est saisie d'admiration pour les œuvres de géant accomplies par le gouvernement provisoire. Cette activité effrayante qu'il déploie n'a pas de précédent. Les décrets succèdent aux décrets, et, disons-le hautement, la conduite du peuple est sublime. Quant à M. Lamartine, il se multiplie et il imprime à tous ceux qui l'approchent au ministère des affaires étrangères une impulsion salutaire. Il converse, il écoute, il dicte, il écrit, il pérore et il adresse à la fois des correspondances dans toutes les parties du globe. Nous l'avions déjà vu à l'œuvre pendant sa vie parlementaire, discourant à Mâcon, à Marseille et à Paris, apostrophant ici, répliquant là, faisant des motions et des adresses, écrivant des lettres à ses commettants et entretenant une polémique avec la presse. Aujourd'hui, comme par le passé, il fait de tout et il est à tout. Il n'y a rien pour lui de trop grand ni de trop petit, rien de trop compliqué ni rien de trop simple. Il entend les rapports des commissions, il reçoit les ambassadeurs, il confère avec des députations et des individus, il donne des cadres, des plans, des idées, et il fortifie celles des autres de sa pensée.

La ville de Mâcon doit plus que jamais être fière de celui qui avait mission de la représenter. C'est un poëte lyrique enfin. Or, qu'est-ce qu'un poëte lyrique? On l'a dit avant nous : c'est un esprit vaste, divers, universel, mouvant comme la nature qu'il peint, comme la nature dont pas un jour qui se succède, pas un flot qui passe, pas un oiseau qui soupire, pas un souffle qui murmure, pas une fleur qui se colore, pas un insecte qu respire, pas une feuille d'arbre qui tremble, pas un homme parmi tant de millions d'hommes qui vivent, pas un monde parmi tant de mondes étoilés qui coulent dans l'espace, ne se touche, ne se confond et ne se ressemble ; voilà le poëte lyrique, et voilà Lamartine! L'influence de M. Lamartine, ou, disons mieux, l'ascendant qu'il exerce est dû plus encore à la moralité de sa vie, aux instincts élevés de sa nature, qu'à ses éminentes facultés oratoires ou à son attitude exemplaire depuis le jour où il est entré dans la carrière politique.

Comme homme, M. Lamartine rappelle un peu Byron. C'est le même regard limpide, la même régularité dans les traits, une fière et mâle beauté. Malgré ses habitudes d'élégance, il y a un peu de candeur dans toute sa personne. Il est grand et bien fait; sa taille est élancée, son visage, d'un ovale allongé, est très-maigre; son teint est quelquefois d'un blanc mat. L'ensemble de sa physionomie respire la grâce. Quand il s'anime, c'est-à-dire quand il s'abandonne à toute la puissance de son vol de cygne, sa physionomie s'illumine soudain, resplendit comme un brillant météore, et ses yeux noirs, légèrement enfoncés dans leur orbite, prennent une expression indéfinissable.

Nous ne dirons plus qu'un mot : la nation veut la République avec toutes les conditions de sa puissance et de sa durée. Une ère nouvelle commence, et le jour est venu de prouver à l'Europe que nous savons mettre en pratique les éloquentes théories que nous avons lancées dans le monde.

FIN.

www.ingramcontent.com/pod-product-compliance
Lightning Source LLC
Chambersburg PA
CBHW061301050726
47594CB00004B/1571